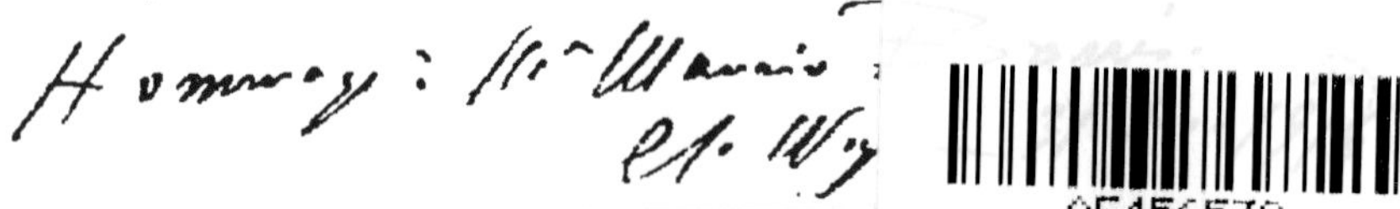

CH. WAGNER

LA GUERRE & L'ENFANT

DISCOURS

prononcé à la Matinée nationale du 19 novembre 1916 au Grand Amphithéâtre de la Sorbonne

PARIS
LIBRAIRIE FISCHBACHER
33, RUE DE SEINE, 33

1916

LA GUERRE & L'ENFANT

DISCOURS

PRONONCÉ PAR

M. le pasteur CH. WAGNER

à la Matinée nationale du 19 novembre 1916
au grand Amphithéâtre de la Sorbonne.

PARIS
LIBRAIRIE FISCHBACHER
Société anonyme
33, RUE DE SEINE, 33

1916

LA GUERRE & L'ENFANT

MESDAMES,

MESSIEURS ET CHERS CONCITOYENS,

Il n'est plus possible, maintenant, de s'adresser à un auditoire français et de ne pas sentir remuer au fond de soi-même tout le passé de ce grand pays et tressaillir tout son avenir. On a l'impression de se trouver comme au sein d'une immense famille, chaudement entouré, avec des cœurs prédisposés à s'entendre et à se joindre en un même effort comme en un même idéal.

Ces matinées nationales sont des assises où le cœur des citoyens doit se retremper, où l'on se touche les coudes, où l'on se souvient, où l'on prévoit. Comme l'honneur m'a été fait de vous parler de nouveau, aujourd'hui, après vous avoir adressé la parole, il y a deux ans, j'ai pensé ne pouvoir choisir un meilleur sujet que celui-ci :

L'enfant et la guerre.

Deux têtes sont particulièrement émotionnantes, dans le déchaînement formidable de la guerre : c'est la tête des pauvres vieux, et c'est la tête des enfants. Je vous parlerai peut-être une autre fois des vieux; aujourd'hui, c'est le tour des enfants.

Quiconque est un homme issu de la vieille lignée dolente et magnifique qu'est l'humanité, éprouve en lui-même quelque chose de paternel ou de maternel lorsque l'enfant est nommé, car cette figure gracieuse et fragile résume toutes les destinées de la race.

Sur le front, comme à l'arrière, chacun, soucieux de rendre les plus grands services possibles au pays, réserve une préoccupation tendre et puissante à l'enfant. On se bat, on travaille, on meurt, pour ce qui dort dans les tombes et pour ce qui s'éveille dans les berceaux. Aussi en vous parlant de la tête de l'enfant nous apparaissant dans le cadre tragique de la guerre, je ne pourrai pas m'empêcher de vous adresser un appel, de vous exciter au retour sur vous-même, à l'examen de vos actes, à la valeur de vos pensées, parce que l'enfant, pour chacun, pose la grande question. Ce que nous sommes pour l'enfant ou ce que nous sommes contre lui, nous le sommes pour ou contre l'humanité et pour ou contre la patrie.

Et d'abord, l'enfant est une victime de la guerre. Ici, s'ouvrent devant nous des vues pleines de tristesse sur des paysages désolés, où brûlent des villages, où les maisons s'écroulent sous les bombes. Sur la sécurité heureuse dont petits et grands goûtent la plénitude, à l'abri du toit familial, passe tout à coup le pas brutal de l'envahisseur. Des figures farouches paraissent aux fenêtres, font irruption par les portes. L'épouvante est entrée dans ce qui fut un paradis. Le sang macule le sein des nourrices et le front des nourrissons. La plus humble chaumière paisible, où fume une soupe sur la table, où flambe un feu dans l'âtre, est un palais de délices, devant ce qui arrive dans la maison la mieux assise, croyant son avenir le plus ferme, lorsque la guerre commence à imprimer ses griffes sur le sol. Alors, c'est la fuite éperdue des populations, par les chemins nocturnes où l'on trébuche : on grelotte dans les gares encombrées ; les mères emportent quelques hardes et ploient, les bras chargés du trésor des trésors, l'enfant. Pour aller où? Vers l'inconnu, mais pour aboutir, toutefois, vers la charité, vers la bonté, vers les bras ouverts, vers l'intérieur de la patrie. Là l'humanité reprend ses droits, là règne, en souveraine, la sainte loi qui résume le divin dans l'humain : aimez-vous les uns les autres.

Jamais nous n'avons vu la tendresse nationale plus ingénieuse, la puissance de se donner, de se dévouer, de faire le bien, plus inventive et plus riche en trouvailles, qu'en ces jours effrayants et sublimes. Hélas! le secours est moins grand que la détresse et, malgré tout, le sol de la patrie s'est couvert de tombes d'enfants!

Victimes de la guerre sont encore tous ces orphelins dont les pères ont donné leur sang pour le pays. Pauvres petits qui se blottissent, craintifs, au giron des veuves, sur les genoux des grands-parents, et se regardent entre eux comme les poussins d'une nichée surprise par un coup d'orage. Devant les uns et les autres, une main formidable nous saisit dans la conscience, pour nous dire : « Souvenez-vous! Souvenez-vous, afin d'être assez bons pour ceux qui ont échappé à la destruction, et de ne jamais oublier ceux que déchira la bête, tous ceux desséchés en leur matin et couchés dans les petites tombes où s'enferment parfois de si grands chagrins! Rappelez-vous! Et que jamais, dans l'avenir, en des temps plus calmes, le tentateur ne puisse vous souffler : *Après tout c'était la guerre!*

Non, ce n'est pas la guerre, c'est le *crime*.

On ne peut pas davantage appeler guerre la

façon dont il a été procédé contre les femmes et les enfants, que le soudard ne peut réclamer le nom de soldat, et que l'incendiaire ne peut s'intituler chevalier.

Et cependant, l'enfant n'est pas seulement une toute petite victime de la guerre monstrueuse : il est aussi un allié dans le bon combat, un des plus puissants, un des plus formidables; il est ce qu'il faut toujours posséder dans les jours difficiles, dans les grands moments où il s'agit de payer de sa personne : un soutien intérieur; et je commencerai sur ce point par le saluer en ces jours sévères, comme on salue un rayon de soleil! Quand le père est obligé de quitter les siens, avec le regret qui se comprend si bien, que les gentils petits grandiront et déploieront leur grâce innocente, sans qu'il les voie, il emporte cependant, dans son cœur, je ne sais quel rayonnement du sourire enfantin. Ce sourire domine le tonnerre des batailles; il reste avec le combattant dans la tranchée humide, ou sous le fracas épouvantable des projectiles. Il le garde dans son sommeil, il est pour ainsi dire son ange protecteur. Quand, loin des siens, le soldat reçoit de la maison, cachés dans une lettre, ces griffonnages sans nom qui sont comme des hiéroglyphes, tracés par de pauvres petits illettrés, lui, le « poilu, » qui n'a peur de personne, s'attendrit soudain, et en même temps une chaleur le pénètre. En palpant ces petits chiffons de papier où l'on a déposé un baiser, il tient un document plus fort, plus précieux et plus difficile à effacer, que ces traités foulés aux pieds par les menteurs qui les ont paraphés.

A l'arrière, dans nos foyers, pour les mamans, pour les vieux, pour ceux qui pleurent et que ronge le souci, l'enfant est aussi un rayon de soleil. Il ne sait rien, il vit dans un autre monde; ses yeux sont deux jours ouverts sur la grande trouée bleue de l'espérance et du bonheur. Il arrive, grimpe sur nos genoux, saisit notre barbe, nous caresse et nous parle, et voici : il semble que quelqu'un de plus grand que tout le monde visible, quelqu'un qui nous sourit d'au-delà des étoiles, soit descendu avec ce messager de sa pitié jusque dans nos demeures pleines d'ombre, pour visiter nos pauvres cœurs. A travers ces yeux d'enfants, nos regards ont vu comme une oasis en plein désert! O, les chers petits passants, tout blancs sur nos chemins sombres! Comme ces fleurs écloses au premier printemps, entre deux croûtes de glace où s'obstine l'hiver, ils annoncent que tout n'est pas fini; ils sont l'image de ce qui renaît toujours. Ceux qui comprennent cela et qui aiment les petits, qu'ils soient ou non de leur famille, leur sourient, lors même qu'il ferait nuit dans leurs propres cœurs, nuit noire et opaque. Ne voulant projeter un voile sur cette aube naissante, ils font effort sur eux-mêmes et dans leur âme en deuil, il se fait une clarté. J'en appelle à tous, jeunes et vieux; j'interpelle les bonnes grand'mères et les grand-pères, et je dis à tous : N'est-ce pas, l'enfant est un rayon de soleil?

A ce double titre de victime de la guerre et de rayon de soleil, l'enfant exerce une influence extraordinaire qui tient de l'impondérable. Il est un élément incoercible, aussi bien qu'indéfinissable. Il est, sur nos chemins difficiles à discerner, comme une sorte de phare qui nous montre la direction.

En particulier, dans ce pays où nous sommes et à l'heure que nous vivons, l'enfant peut devenir pour nous le plus éloquent des maîtres, le prophète le plus lumineux, si nous savons l'écouter et le comprendre. Ce petit, qui passe par la chambre ou qui trotte par les sentiers de la campagne et les places des villes, ce petit, c'est de la graine de France. Il est de ce même sang auquel faisait allusion naguère un ami de la France, lorsqu'il l'apostropha en ces termes : *O! sang de*

Bayard, je te salue parmi tant d'ignominies! Il est de ce sang qui, au milieu du recul actuel immense et déconcertant de la civilisation, nous rappelle ce qu'il y a de plus humain, de plus bienfaisant de plus lumineux dans le génie des nations. Il porte sur sa tête la destinée de ce pays ballotté, traversé, conspué, calomnié, mais qui ressort de toutes les tempêtes et remonte toujours sur ses ailes. Nous sommes donc responsable de l'exemple et de l'éducation que nous lui donnons.

Nous lui devons avant tout de ne plus être séparés entre nous, comme il arrive dans ces ménages désolants où l'on se dispute et marche sur les enfants. Par cela même, que la bonne vie consiste à interpréter les circonstances et les faits et à en tirer l'action qu'elles comportent, — cet enfant, pour nous, est en premier lieu un signal de ralliement. Symbole vivant de ce qui nous unit, il représente ces intérêts essentiels de la nation devant lesquels tous les intérêts de tendances de parti et de classe, doivent s'incliner. De cette consigne d'entente fraternelle, ressort une double obligation, sociale et individuelle, qui s'impose non seulement au nom du passé dont il est l'héritier, mais au nom de l'avenir, de ceux qui le suivront et qui ne sont pas encore nés. Aucun impératif catégorique n'est aussi affirmatif, aussi agressif, ne prend aussi bien l'homme et la femme à la gorge, que celui qui ressort de la position, de la situation et de la destinée de l'enfant parmi nous.

Signalons de suite le devoir social. On s'étonne quelquefois que notre société française qui, par chaque membre isolé et par la fibre familiale, se trouve si accessible à tout ce qui touche l'enfant, soit aussi indifférente quand elle s'appelle « le public. » En cela, elle a besoin de faire un retour sur elle-même. Dans mon vieux pays de Lorraine et d'Alsace, j'ai observé que lorsque sortent les troupeaux — et notez, ce n'est pas de troupeaux d'agneaux, que je parle, mais de troupeaux grognants; — il faut bien vous garder de faire crier un petit goret; instantanément, tout le troupeau se hérisse. Pour peu que vous insistiez, les affaires se gâtent, et si vous ne fuyez pas, vous êtes un homme perdu, peut-être un homme mangé. Vous saisissez l'apologue!... Il ne faut pourtant pas, lorsque l'enfant pâtit, du fait de toutes sortes de vices, ou de tares des grands; des conséquences de leur inconduite et du fait de l'alcoolisme, par exemple, cela n'ait pas l'air de nous regarder. Chacun est au courant de cette incohérence d'esprit d'où il résulte que tout en tenant à la vie et en appréciant la santé, nous laissons sévir parmi nous une hygiène et des mœurs qui en altèrent la source même. Eh bien! lorsque l'enfant pâtit de tout cela, il ne faut tout de même pas que nous soyons plus indifférents qu'un troupeau, et quel troupeau! Ayons, nous aussi, la faculté de nous hérisser comme un seul homme, et de courir au secours de l'enfant.

A côté du devoir social, qui consiste à veiller sur l'enfant, il y a celui qui se soucie de la femme, de celle à qui tous doivent la vie et qui est comme la gardienne de sa flamme sacrée. En veillant sur elle, nous veillerons sur l'enfant, avant même qu'il soit né. Que voulez-vous attendre de celui qui naît et de sa vitalité, s'il a été maltraité pendant la période préparatoire, dans la personne d'une mère surmenée, mal nourrie et logée? Que voulez-vous attendre, si ce n'est qu'il soit un pauvre rebut, un candidat au cimetière? La société tout entière, devant la guerre qui fait dans la forêt de France des coupes sombres et sauvages, doit ressentir une nouvelle tendresse pour les tendres jeunes pousses, et une sollicitude plus profonde, plus virile et plus agissante pour toutes les mères, en leur facilitant la maternité, cette couronne d'honneur de la femme. Favorisons, par tous nos moyens de solidarité nationale, la vie de famille. Faisons en sorte que quiconque assume la charge de nourrir une nichée, soit plus considéré socialement et, s'il en est besoin, mieux soutenu que tout autre. Un pays où ceux qui remplissent le devoir d'élever des enfants s'en trouveraient plus mal que ceux qui négligent ce devoir, serait un pays frappé de démence.

L'autre devoir que nous dicte l'enfant est un devoir tout individuel, ayant rapport à ce que l'homme et la femme ont de plus sacré. Quand on est Français, on a hérité, par là même, d'un titre de noblesse qui dépasse tout ce qu'on peut trouver parmi les vieux blasons et les chartes anciennes autant que vénérables. De même qu'on l'a reçu de ses ancêtres, on doit transmettre intact le flambeau à ceux qui nous succéderont. Ce n'est pas pour rien que notre grand Pasteur, qui s'y connaissait, non pas seulement en sentiment de famille et en patriotisme, mais aussi en science naturelle, le jour de son Jubilé, devant la France entière, apportant à ce fils glorieux le tribu de son admiration, a dit en parlant de son père et de sa mère, modestes bourgeois du Jura : *Je vous remercie de ce que vous avez été!*

Nous devons tout à ceux qui nous ont précédés. Le génie particulier qui nous anime, qui est dans notre sang, notre langue et notre regard; cette humeur débrouillarde qui n'existe pas seulement chez le « poilu, » où elle a atteint son développement suprême, mais que l'on observe déjà chez le gamin de nos rues, chez ceux qui ne se sont pas encore rendu compte qu'ils avaient des ancêtres; cette bienveillance naturelle; cette large organisation pour la générosité dont certains étrangers ont tellement abusé, mais qui n'en est pas moins une des plus belles qualités — il faudra seulement l'administrer avec plus de soin, comme on place avec précaution, un capital précieux, — cette vaillance, cette tranquillité devant la mort où nous nous plaisons à voir une des plus belles preuves de l'immortalité : toutes ces choses-là sont l'héritage de quiconque est Français, et, je le répète, noblesse oblige! Vous n'avez pas le droit de vilipender dans votre personne le patrimoine des siècles qui ont vécu avant vous.

Montaigne était Français et, qui plus est, fin moraliste, mais il a commis une redoutable inconséquence, le jour où il a cru possible et permis à qui que ce puisse être de déclarer : *Si je fais le fol, c'est à mes risques et périls.* Non, aujourd'hui que nous apprenons de jour en jour mieux ce que c'est que l'hérédité et quelles sont les conséquences des actes d'un homme pour son milieu et pour ceux qui sortiront de lui, nous constatons forcément, avec une irrésistible évidence que nul ne peut « faire le fol » à ses seuls risques et périls. On fait toujours le fol aux dépens de quelqu'un, aux dépens de la société dans laquelle on vit, aux dépens du rempart dans lequel on est une pierre, et que l'on rend moins solide en s'y tenant mal ; aux dépens de ceux qui viendront après nous, aux dépens de ceux qui étaient avant nous.

Le traître à la patrie est certainement le criminel le plus hideux de tous ; mais sachons que celui qui ne « tient » pas, qui ne se respecte pas, qui n'est pas ce qu'il doit être, en un mot « l'allumette qui rate, » alors que nous avons besoin d'allumettes qui s'enflamment, donnent de la clarté et de la lumière, celui-là est un traître. Il est un traître, parce qu'il prive tout l'ensemble de la société à laquelle il appartient d'un élément essentiel sur lequel on a droit de compter et dont on a besoin.

Il y a sûrement ici quelques personnes qui connaissent un certain tableau sur lequel le peintre, dont j'ai oublié le nom, représente un jeune homme à qui une jeune fille est en train de coudre un bouton. Le travail se termine, elle s'applique à le consolider en tirant sur le fil. On voit ce fil, et au bas du tableau est écrit : *A quoi tient l'amour.*

Vous n'avez pas besoin de descendre des devins de l'Inde orientale pour répondre : « L'amour tient à un fil. » Quand on songe qu'à ce fil sont suspendues toutes les destinées des hommes et des peuples, on comprend à quel point il faut le soigner! L'enfant nous le rappelle. Quant à moi, si je pouvais, au soir de ma vie, m'en aller en emportant ce témoignage que j'ai été un de ceux qui ont aidé à restaurer, à fortifier le culte de l'amour et du foyer, je m'endormirais tranquille et je serais bien sûr de n'avoir perdu ni mon temps, ni ma vie.

Frappons-nous la poitrine, en regardant l'enfant! Quand on songe à la façon vraiment superficielle, oublieuse dont beaucoup d'entre nous, — qui ont cependant du cœur, du patriotisme, et qui parmi leurs plus doux et leurs meilleurs souvenirs comptent ceux de leur enfance et de leur famille — quand on songe avec quelle ingratitude ils traitent le foyer, on tremble pour le lendemain que leur inconscience prépare à la patrie. Il ne faut pas, pour l'honneur de la France et des Français, que le foyer soit déserté, ni que, maintenu, il soit désert. Chaque tête d'enfant appelle des compagnons; ils ne sont pas heureux tout seuls. Jamais on ne rit mieux que lorsqu'on est beaucoup, et jamais on ne se bat mieux que lorsqu'on est plusieurs. Impossible d'organiser une existence quelconque, si l'on n'est pas un groupe.

Je voudrais donc que chacun comprenne à quel point tout le sang qui a été versé, toute la jeunesse qui a disparu par milliers est une sorte d'appel à l'énergie, à l'esprit de dévouement, de sacrifice, à l'attachement, à la fidélité familiale de chacun. Nous devons à nos morts de multiplier la graine de Français : jamais, il n'y en aura trop, jamais, il n'y en aura assez.

Je vais finir, mais laissez-moi faire devant vous allusion à une très ancienne parole : c'est une parole vieille de trois mille ans, par conséquent contemporaine d'Homère. Elle se trouve dans les Psaumes qui sont devenus, dans la suite, pour l'humanité attachée à la vieille tradition d'Israël et de Jésus, les hymnes d'origine dont sont sortis tous les hymnes qu'on chante dans les cathédrales et les temples.

Au Psaume VIII, l'Ancien, qui a chanté ce psaume, dit : *Eternel, ta gloire monte jusqu'aux cieux; mais tu as fait sortir ta puissance de la bouche des petits enfants, pour combattre l'imposture et jeter bas les tyrans.* Il y a donc trente siècles déjà que quelqu'un a compris qu'une des puissances essentielles de l'humanité pour le bien, la justice, la liberté, était l'Enfant. Il y a longtemps que nous serions tombés le long des chemins dans nos désespoirs, nos écrasements, nos tristesses, s'il n'y avait pas toujours au milieu de nous ce réveil de la vie dans les chers petits innocents, si Dieu, en un mot, ne se refaisait pas homme dans toutes les générations, à travers ces gentils petits enfants, ces êtres neufs et frais que nous aimons tant, qui nous tiennent de si près, et sont porteurs d'une espérence aussi lointaine, aussi persistante que les étoiles éternelles.

Avons-nous jamais eu besoin, à une époque quelconque de notre grande histoire, d'entendre affirmer la foi en la vie et en son œuvre, d'une manière plus énergique, plus générale qu'aujourd'hui? Non. Si l'on représente le Sauveur du monde comme un petit enfant sur les bras d'une femme, on ne s'est pas trompé. C'est bien ainsi : le grand sauveur, le grand médecin, le grand consolateur et réparateur des brèches, la grande ressource de demain après les luttes, les batailles, les visions d'enfer, c'est l'Enfant. Laissons donc, selon la tendre parole du Fils de l'Homme, laissons venir les petits enfants!

Organisons une société qui soit pour eux favorable et saine. Créons un milieu social, avec une atmosphère respirable, vivifiante, où les petits ne s'intoxiquent pas en respirant un air manquant d'oxygène et qu'on trouve partout dans les endroits renfermés, les intérieurs où règne trop d'égoïsme, et que ne ventile pas chaque jour le noble souci de la Patrie de tout ce qui souffre, peine, laboure, espère autour de nous. Parlons de telle sorte que l'enfant puisse nous entendre et nous écouter; agissons de telle sorte qu'il puisse nous imiter. Soyons assez fermes, assez justes, pour qu'il puisse nous respecter et apprendre, dans le sein même et au sanctuaire de la famille, cette déférence pour les autres, cette largeur de sympathie, cette docilité devant les lois qui sont la grande force des démocraties. Enfin, soyons assez bons pour qu'il puisse nous aimer tout simplement.

Alors, quand nous ferons nos comptes, un

jour, nous pourrons nous dire : « Nos pères, nous vous avons été fidèles; nos descendants, nous vous avons préparé les chemins. » Dans les deux sens — dans le sens du passé glorieux, comme de l'avenir qui, nous l'espérons, le sera encore davantage, la tête de l'Enfant témoignera que nous avons bien mérité de la Patrie.

Ouvrages de Charles Wagner.

L'AME DES CHOSES (Aux champs. — A la mer. — A la montagne. — Par les rues. — Sons lointains). In-12, 4e édition. . . . . 3 fr. 50

Par les rues de la villes, les sentiers de la montagne, les grèves marines, l'auteur a recueilli une ample moisson d'idées morales, enveloppées d'images et illustrées de charmantes descriptions.

L'AMI. *Dialogues intérieurs* (Dédicace. — Préface. — I. Souvenirs. — II. Haltes et Solitudes. — III. Heures douloureuses. — IV. Devant la mort. — V. Près des jeunes. — VI. Ceins tes reins! — VII. Les Pionniers. — VIII. Par la foi. In-12, 6e édition. . . . . . . 3 fr. 50

Ce sont là des dialogues intérieurs de l'homme avec son MOI supérieur. Livre de chevet et de recueillement, servant à éclairer notre route, à apaiser nos angoisses, à fortifier nos volontés, pour les mieux conduire au but.

A TRAVERS LES CHOSES ET LES HOMMES. *Pour apprendre à vivre* (I. A travers les choses et les hommes. — II. Figures et grimaces. — III. La conquête de la liberté). In-12 . . . . 3 fr. 50

A TRAVERS LE PRISME DU TEMPS (Le Temps. — Le Passé. — Le Présent. — L'Avenir. — La leçon des arbres). In-12. . . . . 3 fr. 50

AUPRÈS DU FOYER (Le toit. — L'esprit de famille. — Deux font un. — Paternité, maternité. — Frères et sœurs. — Têtes blondes et têtes blanches. — Nos serviteurs. — Nos bêtes. — L'ordre dans la maison. — Mains diligentes, doigts de fée. — La bonne humeur en famille. — Nos amis les pauvres. — Quand les oiseaux quittent le nid. — Souvenirs, traditions, reliques. — La religion du foyer). In-12, 6e édition . . . . 3 fr. 50

Une image condensée de la vie familiale avec ses rayons et ses ombres, ses sentiments essentiels et sa large portée sociale et religieuse. C'est un précieux cadeau à faire à un jeune ménage.

CE QU'IL FAUDRA TOUJOURS (Choses abolies et choses qui demeurent. — Le dogme fondamental. — Le sentiment fondamental. — La force fondamentale. — Dieu. — Du génie. — L'idéal. — L'Héroïsme. — La poésie. — Le pardon. — Savoir souffrir. — Savoir attendre. — Savoir mourir. — Recommencer). In-12 . . . . . . 3 fr. 50

LE BON SAMARITAIN. *Cinq discours religieux* (I. Le Départ. — II. Ceux qui tuent. — III. Ceux qui passent. — IV. Ceux qui guérissent. — V. Va, et agis de même, toi aussi!) 1 volume in-8, orné de reproductions de 5 tableaux de Rembrandt. . . . . 3 fr.

DISCOURS RELIGIEUX. 1re Série : L'Idée laïque. — Suis-moi. — Ceux qu'on oublie. — Les Sarcleurs. — Pentecôte. IIe série : Le foyer de l'âme. — Les deux esprits. — Le Juste vivra de sa foi. — Ce qui compte. — N'oublie pas. 2 volumes in-12. Chaque vol. relié. . . . . 3 fr.

EN ÉCOUTANT LE MAITRE. *Discours religieux* (I. Montre-nous le Père. — II. La Sainteté laïque. — III. Crises et détresses. — IV. La peine perdue. — V. Le bon sens. — VI. L'Eglise sans Dieu). In-12. . . . . 1 fr.

LE LONG DU CHEMIN (A l'hôpital. — Aux champs! — Berceaux. — La coiffe blanche. — Qui s'aime se dispute. — Rose et noir. — Sous les grands arbres. — Le chant de la prisonnière. — Au gré des vents, au gré des flots. — Il y a un bon Dieu pour les enfants. — Pour la fête de papa. — Par amitié. — Vieux Noëls. — COIN DES ENFANTS (Contes) : La poire. — Le grand œuf rouge. — Grisette et satinette. — Deux amis. — La fille du jardinier). In-12. 5e édition. . . . . 3 fr. 50

Collection de tableaux naturels et de scènes de la vie, où toujours, de l'observation même, directe et vécue, naît la définition d'une vérité suprême.

HISTOIRE ET FARCIBOLES. Charmant ensemble de récits récréatifs et de petites farces divertissantes bien faits pour amuser les enfants et éveiller en eux l'esprit critique et la notion de solidarité humaine. In-8. 2e édition, avec de nombreuses illustrations de R. Henriquez. 2 fr. 50

LIBRE PENSÉE ET PROTESTANTISME LIBÉRAL. Lettres échangées entre Ferdinand Buisson et Charles Wagner sur la solution d'une question capitale qui intéressera tous ceux que passionne le troublant problème religieux, tel qu'il se présente dans la société contemporaine. In-12. . . . . 2 fr.

Six discours sur la conquête de la Liberté morale et politique par le gouvernement et la discipline de soi-même.

N'OUBLIE PAS. *Discours religieux* (Aimez vos ennemis. — Une double expérience. — Religion du souvenir, religion d'avenir. — Ceux qui pleurent. — « N'oublie pas. » — Faites ceci en mémoire de moi). In-12 . . . . . 1 fr.

PAR LA LOI VERS LA LIBERTÉ (L'Anarchie morale. — La loi. — L'autorité. — La discipline. — L'homme, soldat et chevalier). In-12, 3ᵉ édition. . . . . 2 fr.

L'ÉVANGILE ET LA VIE. *Sermons* (Je suis une voix. — Nul ne peut servir deux maîtres. — Du besoin de confession. — Le Christ à table. — Ramassez les miettes. — L'obole de la veuve. — Parle pour le muet. — J'ai appris à être content. — Vous marcherez sur les serpents. — Je suis la résurrection et la vie. — Reste avec nous! — Sois un homme!). In-12. 6ᵉ édition . . . . 3 fr. 50

Collection de discours religieux où les grandes vérités humaines de l'Evangile et les expériences journalières de l'existence s'éclairent mutuellement.

JEUNESSE *(Ouvrage couronné par l'Académie française).* (I. L'HERITAGE : Les conquêtes du siècle. — Les pertes du siècle. — Les contradictions du siècle. — II. LES HERITIERS : Le monde de la jeunesse. — Orientation intellectuelle. — Orientation morale. — L'école de la vie. — Les moutons de Panurge. — L'esprit de parti. — La jeunesse populaire. — La jeunesse réactionnaire. — Sentiers de demain. — III. VERS LES SOURCES ET LES SOMMETS : Le monde est-il vieux? — La vie. — L'action. — Joie. — La Solidarité. — La Foi). In-12. 33ᵉ édition, revue et augmentée d'une préface et d'un portrait. 3 fr. 50

Après une appréciation générale des conditions de la vie moderne et du milieu où débute notre jeunesse, l'auteur décrit ensuite les lignes essentielles d'un nouvel idéal de vie moderne.

TROIS CONTES ET DEUX HISTOIRES. *Pour amuser les petits et faire penser les grands.* In-12. . . 0 fr. 50

Amuser les petits, *faire penser* les grands : peut-être certains petits aussi seront-ils entraînés à *penser* ; et sûrement certains grands seront *amusés*. Tous seront entraînés, au cours de ces récits fictifs, d'une imagination vigoureuse. La morale de l'histoire est quelquefois « cachée », comme dans telles paraboles qui paraissaient énigmatiques aux auditeurs de Jésus : c'est sans doute pour nous faire *penser*, nous les grands, car l'auteur est bon moraliste. « *Et conter pour conter lui semble peu d'affaire.* » A lire l'écrivain, on voudrait entendre le conteur.

JUSTICE. *Huit Discours* (I. La naissance à la Justice. — II. Domination et servitude volontaire. — III. Le mien, le tien. — IV. Science, foi. — V. Patrie, humanité. — VI. Eglises, Eglise. — VII. Individu, Société. — VIII. La conception religieuse du travail). In-12. 8ᵉ édition. 3 fr. 50

Ensemble de discours sur la pratique de la véritable équité dans les principaux domaines de l'action et de la pensée.

PAR LE SOURIRE (L'on explique de quoi il s'agit. — Ce que raconte l'eau. — Les petits moulins. — La cruche cassée. — Les allumettes qui ratent. — Au pays d'à peu près. — Armées ennemies. — Garde à vous!— On réclame. — Je m'en moque. — À table. — La Joie). In-12, orné d'un portrait de l'auteur. . . . . 3 fr. 50

Dans ce recueil l'auteur a, en quelque sorte, cristallisé sa méthode. Le titre persuasif de cet ouvrage en dit plus long que bien des phrases. Apprendre à connaître la vie, la faire aimer, en montrant ses beaux côtés, tel a été son but. D'un bel optimisme, courageux et sincère, l'auteur triomphe pleinement dans sa tâche.

POUR LES PETITS ET LES GRANDS. *Causeries sur la vie et la manière de s'en servir* (Où l'on fait connaissance avec le sujet. — Conduite individuelle. — Au milieu des hommes. — L'esprit civique. — Vie intérieure. — Par le foyer et l'école vers le vaste monde. — À travers le bien et le mal). In-12. 3e édition. . . . . 3 fr 50

Ouvrage couronné par l'Académie des Sciences morales et politiques.

Œuvre bienfaisante, où l'auteur fait connaître à l'enfance la beauté d'une vie morale, vaillante et digne. La vie ainsi comprise est une école de vertu, qui tend toujours à rapprocher l'homme de la perfection. Les enseignements de M. Wagner respirent, ici comme ailleurs, un air de bonne humeur qui fait de lui l'éducateur-modèle de l'enfance.

SOIS UN HOMME! *Simples causeries sur la conduite de la vie* (I. D'OU VENONS-NOUS : 1. La vie et la source de la vie. — 2. Dieu. — 3. Nos moyens de connaître Dieu. — II. QUI SOMMES-NOUS? 4. Caractères et conditions de la vie humaine. — 5. Nos ennemis, nos alliés. — III. QU'AVONS-NOUS A FAIRE? 6. Les lois de la vie. — 7. L'homme isolé et sa loi. — 8. L'homme en société et sa loi. Solidarité. — 9. Conséquences de la solidarité : l'obéissance. — 10. Sois vrai! — 11. Respecte la vie! — 12. Défends-toi; ne te venge pas! — 13. Sois probe! — 14. Prends garde au premier pas! — 15. Sois laborieux! — 16. Repose-toi! — 17. La loi suprême. — 18. La réparation du mal. — IV. OU ALLONS-NOUS? : 19. Mort et vie éternelle). In-12. 4e édition. . . . . 1 fr. 25

Sorte de catéchisme laïque, excellent pour les parents qui désirent diriger l'éducation morale de leurs enfants. Bonne lecture pour les enfants de dix à quatorze ans.

VAILLANCE. *Ouvrage honoré d'une souscription du Ministère de l'Instruction publique* (I. A la conquête de l'énergie. — II. Le prix de la vie. — III. L'obéissance. — IV. La simplicité. — V. La Garde intérieure. — VI. L'éducation héroïque. — VII. Les commencements difficiles. — VIII. L'effort et le travail. — IX. La fidélité. — X. La gaieté. — XI. L'honneur viril. — XII. Aux infirmes. — XIII. La peur. — XIV. Le combat. — XV. L'esprit de la défense. — XVI. La bonté réparatrice. — XVII. Sursum corda). In-12. 22ᵉ édition. . . . 3 fr. 50

Une brève et vigoureuse sonnerie de clairon pour entraîner la jeunesse à l'énergie et aux nobles aspirations.
Véritable VADE-MECUM de l'adolescence.

LA VIE SIMPLE (I. La vie compliquée. — II. L'esprit de simplicité. — III. La pensée simple. — IV. La parole simple. — V. Le devoir simple. — VI. Les besoins simples. — VII. Le plaisir simple. — VIII. L'esprit mercenaire et la simplicité. — IX. La réclame et le bien ignoré. — X. Mondanité et vie intérieure. — XI. La beauté simple. — XII. L'orgueil et la simplicité dans les rapports sociaux. — XIII. L'éducation pour la simplicité. — Conclusion). In-12. 12ᵉ édition. . . . . 3 fr. 50

Un rappel à l'ordre et à la simplicité, au milieu de la confusion et de la complexité de notre existence agitée. Lecture calmante et bienfaisante que l'ancien président des Etats-Unis, M. Th. Roosevelt, a recommandée par deux fois à ses concitoyens en des discours publics.

VERS LE CŒUR DE L'AMÉRIQUE. *Impressions de voyage* (En mer. — Dans les docks. — Flâneries. — Séjour à la Maison blanche : Le Président. — Un jour à Bethany Church. — Vie religieuse. — Chez les Quakers. — Hôte d'Israël. — Frères noirs. — Travail, argent, affaires. — Ecoles. — Universités. — Bowery-Mission. — Tempérament américain. — Sympathies françaises. — Un plaisant quiproquo. — Un dîner de héros. — Adieux à Washington). In-12. 3ᵉ édition. . . . . . 3 fr. 50

MANUEL DE BONNE VIE. *Rédigé d'après les œuvres de Charles Wagner par Mme Brandon-Salvador, revu et approuvé par l'auteur.* In-12. Broché 1 fr. 50. Relié 2 fr.

LA ROCHE-SUR-YON. — IMPRIMERIE CENTRALE DE L'OUEST.

www.ingramcontent.com/pod-product-compliance
Ingram Content Group UK Ltd.
Pitfield, Milton Keynes, MK11 3LW, UK
UKHW022148260726
13993UKWH00005B/2233